GANZ SCHÖN
Konfuzius

LITERARISCHE WEISHEITEN

arsEdition

Das Geheimnis des Glücks
5
Das Geheimnis von Harmonie und Ruhe
15
Das Geheimnis der Freundschaft
25
Das Geheimnis von Weisheit und Wissen
35
Das Geheimnis der Gelassenheit
45
Das Geheimnis von innerer Stärke
55
Das Geheimnis des menschlichen Miteinanders
65
Das Geheimnis von Mut und Ruhm
75
Das Geheimnis von Schönheit und Freude
85

Ganz schön Konfuzius

Die Lehren des chinesischen Philosophen Konfuzius
(551–479 v. Chr.) prägen seit Jahrhunderten
Menschen auf der ganzen Welt. Seine Gedanken über
Harmonie und Gleichgewicht, über edle Tugenden,
ethische Normen und die Geheimnisse eines
glücklichen Lebens im Einklang mit Natur und
Gemeinschaft können noch heute als Orientierung,
Wegweiser und Inspiration dienen.

Konfuzius hinterließ kein schriftliches Werk,
doch seine Schüler hielten nach seinem Tod
die Quintessenz seines Denkens in den »Gesprächen«
fest, die bis heute als die verlässlichste Quelle seiner
Lehre gelten. Dieses Lesebuch versammelt eine
Auswahl seiner inspirierendsten Weisheiten
und Aphorismen, die uns im Alltag begleiten und zur
Reflexion anregen können.

Das Geheimnis des Glücks

Glück und Unglück sind nicht
an die einzelne Person gebunden,
sondern das Gute und Böse,
das der Himmel schickt,
hängt von den Tugenden
und Lastern ab.

Das Leben
ist ein dorniger Rosenstock
und das Glück
seine Blüten.

Wer ständig
glücklich sein möchte,
muss sich oft verändern.

Es gibt drei Kennzeichen für
einen überragenden Menschen;
tugendhaft ist er,
wenn er frei von Angst ist,
weise ist er, wenn er frei
von Erstaunen ist, tapfer ist er,
wenn er frei von Furcht ist.

Gewöhnliche Speise zur Nahrung,
Wasser als Trank und den
gebogenen Arm als Kissen:
auch dabei kann man fröhlich sein;
aber ungerechter Reichtum und
Ehren dazu sind für mich nur
flüchtige Wolken.

Selbst der stärkste Mann kann sich nicht selbst in die Höhe heben.

Besser ist es, arm zu sein
und doch fröhlich, oder reich zu sein
und doch die guten Sitten,
die Regeln des Anstands
und der Höflichkeit zu lieben.

Sich selbst überwinden, die
eigenen Wünsche und Begierden
bezwingen, sich von Anstand,
Höflichkeit und guten Sitten leiten
lassen, das ist sittliches Verhalten.
Wer nur einen Tag so handelt,
wird schon von allen ob seines
guten Verhaltens gelobt.
Es hängt von uns selbst ab,
das Rechte zu tun.

Zuerst die innere Haltung,
dann die äußere Form!
Es ist wie beim Malen, bei dem man
Glanzlichter zuletzt aufsetzt.

Die Liebe ist das
Gewürz des Lebens,
sie kann es
versüßen, aber
auch versalzen.

In Worten sei wahrhaft und zuverlässig, im Handeln gewissenhaft und rücksichtsvoll.

Jeder von uns, vom König bis zum Bauer, muss vor allem nach sittlicher Selbstvervollkommnung streben, weil dies der Quell des allgemeinen Wohls ist. Denn wenn der Anfang nicht vollkommen ist, wie kann da das Ende vollkommen sein?

Der wahrhaft Edle predigt nicht,
was er tut, bevor er nicht getan hat,
was er predigt.

Wer nicht in den Spuren
anderer wandelt, kommt
nicht ans Ziel.

Das
Geheimnis
von
Harmonie
und Ruhe

Bei der Ausübung der Formen
ist die (innere) Harmonie die
Hauptsache. Der alten Könige Pfad
ist dadurch so schön, dass sie
im Kleinen und Großen sich danach
richteten. Dennoch gibt es Punkte,
wo es nicht geht. Die Harmonie
kennen, ohne dass die Harmonie
durch die Form geregelt wird:
Das geht auch nicht.

Maß und Mitte sind der Höhepunkt
menschlicher Naturanlage.

*Tugendhaftigkeit befreit
von Leid. Weisheit bewahrt
vor Zweifel. Mut
überwindet Furcht.*

Um sittliche Vollkommenheit
zu erlangen, muss man vor allem
um seine Seelenreinheit besorgt
sein. Seelenreinheit wird aber nur in
dem Falle erreicht, wenn das Herz
nach Wahrheit sucht und der Wille
nach Heiligkeit strebt.

Der höhere Mensch hat
Seelenruhe und Gelassenheit,
der gewöhnliche ist stets voller
Unruhe und Aufregung.

Damit nicht Sonn und Mond
umsonst die Bahn beschlossen,
freut euch der Ruh,
ihr Weggenossen.

Es ist nicht
die Wahrheit,
die einen Menschen
groß macht,
sondern der Mensch,
der die Wahrheit
groß macht.

Der Edle strebt nach Harmonie,
nicht nach Gleichheit.
Der Gemeine strebt nach
Gleichheit, nicht nach Harmonie.

Nur wer selbst gut ist,
hat auch ein richtiges Maß,
um andere zu lieben
oder zu hassen.

Wer nur zurückschaut,
kann nicht sehen, was auf
ihn zukommt.

Es gibt drei Wege,
klug zu handeln:
durch Nachdenken –
das ist der edelste;
durch Nachahmen –
das ist der leichteste;
durch Erfahrung –
das ist der bitterste.

Wer das Ziel kennt, kann
entscheiden, wer entscheidet,
findet Ruhe, wer Ruhe findet,
ist sicher, wer sicher ist, kann
überlegen, wer überlegt,
kann sich verbessern.

Maß und Mitte bewahren –
das ist die höchste Tugend.

Vergeltet Böses
mit Gerechtigkeit –
und Gutes
mit Gutem.

Wohin du auch gehst,
geh mit deinem ganzen Herzen.

Das
Geheimnis
der
Freundschaft

Wenn Freunde von weit
her zu Besuch kommen –
ist das nicht wirkliche
Freude?

Mit einem Menschen muss man
zusammenleben, um ihn zu kennen.

Erst in einer Zeit der Unruhe
kann man Treue erkennen.

*Keine Straße ist zu lang
mit einem Freund
an der Seite.*

Der Edle begegnet seinen
Freunden durch die Kunst und
fördert durch seine Freunde
seine Sittlichkeit.

Der Edle lenkt die Aufmerksamkeit
auf die guten Seiten anderer hin,
nicht auf ihre Mängel. Der kleine
Mann tut das Gegenteil.

Ein böses Wort ist wie ein Stein,
der in einen tiefen Brunnen geworfen
wird: Die Wogen mögen sich glätten,
der Stein aber bleibt auf dem Grund.

Tugend steht nicht allein.
Wer das Rechte tut,
wird bestimmt Freunde finden.

Im Dienst des Fürsten bringen
lästige Vorwürfe Ungnade.
Zwischen Freunden führen
lästige Vorwürfe zu Entfremdung.

Erzähle mir
die Vergangenheit
und ich werde
die Zukunft erkennen.

Wer bei seinen Handlungen
immer auf Vorteil bedacht ist,
wird sich viele Feinde machen.

*Der Leitstern deines Lebens
sei: Treue und Ehrlichkeit.
Hab keinen Freund, der
deiner nicht würdig ist.
Wo du gefehlt, verfehl
nicht, dich zu bessern.*

Weisheit, Mitleid und Tapferkeit
sind die drei wichtigsten sittlichen
Eigenschaften des Menschen.

Liebe kennt keine Belohnung.
Liebe ist um der Liebe willen da.

Das Geheimnis von Weisheit und Wissen

Zu wissen, was man weiß,
und zu wissen, was man tut,
das ist Wissen.

Die Quintessenz
des Wissens ist,
das Erlernte
auch anzuwenden.

Unwissenheit ist die Nacht des Geistes, eine Nacht ohne Mond und Sterne.

Lerne, als hättest du's nicht erreicht,
und dennoch fürchtend,
es zu verlieren.

Die Erfahrung ist wie
eine Laterne im Rücken;
Sie beleuchtet stets nur das
Stück Weg, das wir bereits
hinter uns haben.

Erwirb neues Wissen, während du
das alte überdenkst, so wirst du anderen zum Lehrer.

Es mag auch Menschen geben,
die, ohne das Wissen zu besitzen,
sich betätigen.
Ich bin nicht von der Art.
Vieles hören, das Gute
davon auswählen
und ihm folgen, vieles sehen
und es sich merken:
Das ist wenigstens
die zweite Stufe der Weisheit.

Lesen ohne Denken verwirrt
den Geist, und Denken ohne Lesen
macht leichtsinnig.

Etwas lernen und mit der Zeit darin
immer geübter werden, ist das nicht
auch eine Freude?

Was du mir sagst,
das vergesse ich.
Was du mir zeigst,
daran erinnere ich mich.
Was du mich tun lässt;
das verstehe ich.

Nur die wirklich Klugen
und die wirklich Dummen
ändern sich nicht.

Was man weiß,
als Wissen gelten lassen,
was man nicht weiß,
als Nichtwissen gelten lassen:
Das ist Wissen.

Wer fragt, ist ein Narr
für eine Minute.
Wer nicht fragt, ist ein
Narr sein Leben lang.

Erkenne das Ewige
und du bist weise.

Das Geheimnis der Gelassenheit

So fließt alles dahin,
wie dieser Fluss,
ohne Aufhalten Tag und Nacht!

Suche die kleinen Dinge,
die dem Leben Freude geben.

Wenn der Wille auf das Gute
gerichtet ist, gibt es nichts Böses.

Sei nicht hart wie ein Fels:
Sei wie das Wasser und schöpfe
Kraft aus dem Fluss.

Wenn ich einen Satz auswählen
sollte, um meine ganze Lehre
zusammenzufassen, würde ich
sagen: Lass nichts Böses in deinen
Gedanken sein.

Es ist besser,
ein Licht zu entzünden,
als auf die Dunkelheit
zu schimpfen.

Ich prüfe täglich dreifach mein Selbst: Ob ich, für andere sinnend, es etwa nicht aus innerstem Herzen getan; ob ich, mit Freunden verkehrend, etwa meinem Wort nicht treu war; ob ich meine Lehren etwa nicht geübt habe.

Am Baum der guten Vorsätze gibt es viele Blüten, aber wenig Früchte.

*Das Wasser haftet
nicht an den Bergen,
die Rache nicht
an einem großen Herzen.*

Ich kann nicht verstehen, wie ein Mensch ohne Aufrichtigkeit sein kann. Das ist, als wäre die Deichsel eines Wagens ohne Querstange für das Anspannen der Zugtiere. Wie könnte sich ein solcher Wagen überhaupt fortbewegen?

Alles ist in uns selbst vorhanden.
Wenn wir in uns gehen
und wahrhaftig sind:
Das ist die höchste Freude.

In den kleinsten Dingen
kann eine Kraft liegen,
die Berge bewegt.

Besser ein Diamant
mit einem Fehler
als ein Kieselstein
ohne.

Das
Geheimnis
von
innerer
Stärke

Der Weg ist das Ziel.

Ist man in kleinen Dingen nicht geduldig, bringt man die großen Vorhaben zum Scheitern.

Kein Ding auf der Welt
ist vollkommen.

Der Weise schämt sich
seiner Fehler, aber nicht,
sie zu korrigieren.

Dass manches keimt, das nicht
zum Blühen kommt, ach,
das kommt vor! Dass manches
blüht, das nicht zum Reifen kommt,
ach, das kommt vor!

Die Menschen stolpern
nicht über Berge, sondern
über Maulwurfshügel.

*Je schöner
eine Blüte ist,
umso seltener wird
sie entdeckt.*

Je schöner ein Wort ist,
umso seltener ist es zu hören.

Es ist nicht schwer, das Gute zu erkennen, aber wohl, es in die Tat umzusetzen.

Der Edle ist bedacht in seinen Worten und klug in seinem Handeln.

Wenn einer sich innerlich prüft
und kein Übles da ist,
wie sollte er da traurig sein,
was sollte er fürchten?

Einem Heer von
drei Armeen kann man
seinen Führer nehmen;
dem geringsten Mann
aus dem Volk kann man
nicht seinen Willen
nehmen.

*B*esser als die Wahrheit kennen
ist die Wahrheit lieben.

Wer die Macht der Wörter
nicht kennt, kann auch die
Menschen nicht kennen.

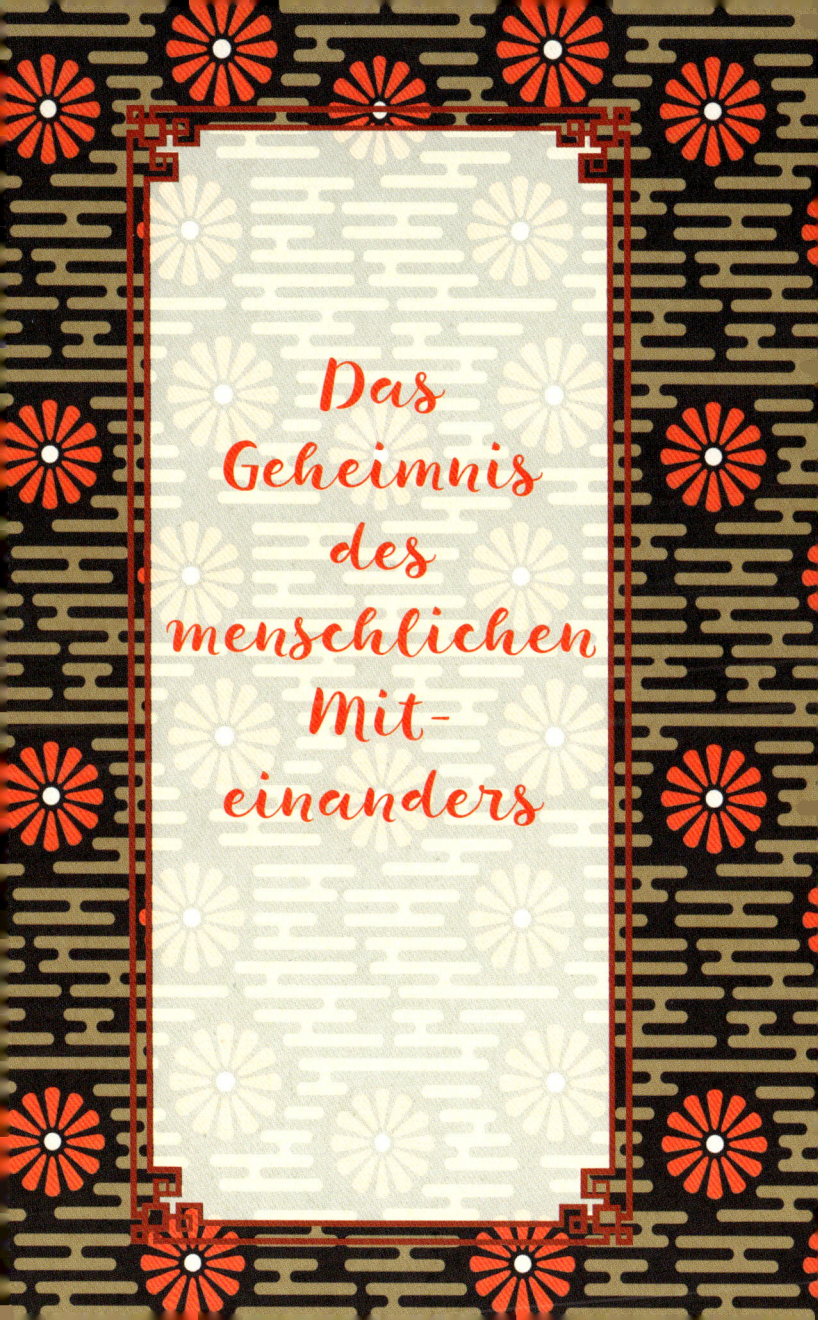

Das Geheimnis des menschlichen Mit-einanders

Fordere viel von dir selbst und
erwarte wenig von anderen.
So bleibt dir mancher Ärger erspart.

Das Leben an einem Ort ist erst
dann schön, wenn die Menschen
ein gutes Verhältnis zueinander
haben. Wie kann man einen
Menschen weise nennen,
der sich's aussuchen kann
und sich doch nicht dort
niederlässt, wo die Menschen
gut zueinander sind?

*Was du selbst
nicht wünschst, tu nicht
an anderen.*

Yüan sprach: »Ich möchte mich
nicht meines Guten rühmen und
möchte nicht andere für mich
bemühen.« – Darauf sprach Dsï
Lu: »Nun möchten wir auch gern
des Meisters Wünsche hören.« Der
Meister sprach: »Den Alten möchte
ich Frieden geben, mit Freunden
möchte ich in Treue verkehren,
die Kleinen möchte ich herzen.«

Ein Mensch ohne Menschenliebe,
was hilft dem die Form?
Ein Mensch ohne Menschenliebe,
was hilft dem die Musik?

Tugend ist, die Menschen zu
lieben, Weisheit, sie zu verstehen.

Es ist möglich, wahrhaft edel,
aber ohne Güte zu sein.
Nie aber hat es einen gütigen
Menschen gegeben,
der nicht edel gewesen wäre.

Sei immer treu,
zuverlässig
und aufrichtig.

Begegnest du jemandem, der ein Gespräch wert ist, und du versäumst es, mit ihm zu reden, dann hast du einen Menschen verfehlt. Begegnest du jemandem, der kein Gespräch wert ist, und du redest mit ihm, dann hast du deine Worte verfehlt. Weise ist, wer stets den richtigen Menschen und die richtigen Worte findet.

Indem man über andere schlecht redet, macht man sich selber nicht besser.

Es gibt ein Wort, das jedem als praktische Lebensregel dienen könnte: Gegenseitigkeit.

Wenn du Fehler gemacht hast,
dann scheue dich nicht,
sie zu korrigieren.

Begegne den Menschen mit
der gleichen Höflichkeit, mit der du
einen teuren Gast empfängst.

Vergiss Kränkungen,
doch vergiss
Freundlichkeiten nie.

Wenn du einen wundervollen
Menschen triffst, so mach dir
Gedanken darüber, ob du ihm
gleich werden kannst.
Wenn du einen minderwertigen
triffst, so geh in dich und prüfe,
ob du ihm nicht gleichst.

Menschlichkeit ist das Wesen
der Sittlichkeit, Menschenkenntnis
das Wesen der Weisheit.

Sieh, welche Mittel ein Mensch
verwendet, um seine Ziele
zu erreichen; betrachte die
Beweggründe, die sein Handeln
bestimmen; prüfe, worin seine
Seele Ruhe findet und was ihn
bewegt. Wie kann ein Mensch
da noch sein Wesen verbergen?

Das Geheimnis von Mut und Ruhm

Die Perle kann ohne Reibung
nicht zum Glänzen gebracht,
der Mensch ohne Anstrengung
nicht vervollkommnet werden.

Wähle einen Beruf, den du liebst,
und du brauchst keinen Tag in
deinem Leben mehr zu arbeiten.

*Es ist nicht von Bedeutung,
wie langsam du gehst,
solange du nicht
stehen bleibst.*

Nehmt zum Vergleich einen Hügel, der fertig ist bis auf einen Korb Erde; bleibt es dabei, so bedeutet es für mich einen Stillstand. Nehmt zum Vergleich den ebenen Grund, es mag erst ein Korb Erde aufgeworfen sein; geht es weiter, so bedeutet es für mich einen Fortschritt.

Wer neu anfangen will,
soll es sofort tun, denn eine
überwundene Schwierigkeit
vermeidet hundert neue.

Ehe du anfängst, den Staat
neu zu ordnen, grabe deinen Garten
dreimal um.

Weisheit macht frei von Zweifeln,
Sittlichkeit macht frei von Leid,
Entschlossenheit macht frei
von Furcht.

Ein edler Mensch handelt,
wie er denkt. Dann spricht
er, wie er handelt.

Unser größter Ruhm
liegt nicht darin, niemals zu fallen,
sondern jedes Mal wieder
aufzustehen, wenn wir
gescheitert sind.

Wenn du die Absicht hast,
dich zu erneuern,
tu es jeden Tag.

Erst die Arbeit, dann der Genuss:
Wird dadurch nicht
das Wesen erhöht?

Über das Ziel hinausschießen ist ebenso schlimm, wie nicht ans Ziel zu kommen.

Wer wirklich gütig ist, kann nie unglücklich sein; wer wirklich weise ist, kann nie verwirrt werden; wer wirklich tapfer ist, fürchtet sich nie.

Zu einem guten Ende gehört
auch ein guter Beginn.
Von Gi, dem »Weisen«, hieß es,
dass er alles erst dreimal
überlege, ehe er sich zum
Handeln entschließe.
Der Meister hörte davon und
sprach: »Wenn er auch nur
zweimal sich die Sachen überlegt,
so ist es schon gut.«

Das
Geheimnis
von
Schönheit
und
Freude

Es gibt drei Arten von Freuden, die förderlich sind. Sich an Musik und guten Umgangsformen erfreuen, über die Vorzüge anderer reden und sich darüber freuen, viele wertvolle Freunde haben und sich darüber freuen – diese Freuden sind förderlich.

Wer etwas kennt, reicht nicht heran an jenen, der es liebt; und der es liebt, reicht nicht heran an jenen, den es freut.

Wer seine Pflichten gegenüber
den Menschen nicht kennt – wie
kann der die Musik verstehen?

Obzwar die Menschen
nicht wissen, was
das Gute ist, so haben
sie es doch in sich.

Der Wissende freut sich am Wasser,
der Fromme freut sich am Gebirge.
Der Wissende ist bewegt, der
Fromme ist ruhig; der Wissende
hat viele Freuden, der Fromme
hat ein langes Leben.

Ein wahrhaft großer Mensch verliert
nie die Einfachheit eines Kindes.

Wer am Morgen
die Stimme der Wahrheit
vernommen hat,
der mag am Abend
zufrieden sterben.
Er hat nicht umsonst
gelebt.

Unreife Liebe sagt: »Ich liebe dich,
weil ich dich brauche.«
Reife Liebe sagt: »Ich brauche dich,
weil ich dich liebe.«

Zufriedenheit bringt auch in
der Armut Glück; Unzufriedenheit
ist Armut, auch im Glück.

Der sittliche Mensch
liebt seine Seele, der
gewöhnliche sein Eigentum.

Es gibt auf der Welt keinen
noch so glücklichen Menschen,
der nicht glaubt, es gebe einen noch
glücklicheren.

Viel hören und das Gute
auswählen und verfolgen,
viel sehen und im Gedächtnis
bewahren, das kommt
der Erkenntnis am nächsten.

Die ganze Kunst
der Sprache besteht darin,
verstanden zu werden.

Beobachte dich stets aufmerksam
in deinem Tun und halte hier
nichts deiner Beachtung unwert.

Folge dem rechten Weg; richte dich
am Guten aus; tu, was sich gehört;
erfreue dich an den Künsten.

*Der Edle strebt
beim Essen nicht nach
Sattsein und
in der Wohnung nicht nach
Prunk.*

Sorge dich nicht um die Ernte,
sondern um die richtige Bestellung
der Felder.

Fünf Dinge muss man überall
unter dem Himmel üben,
um wahrhaft zu sein –
Höflichkeit, Großzügigkeit,
Verlässlichkeit, Beflissenheit, Milde.

Wie viel Gutes du auch
tun magst, stets bleibt
zu wünschen, dass du
noch mehr tust.

In einigen Fällen war es nicht möglich, für den Abdruck der Texte
die Rechteinhaber zu ermitteln. Honoraransprüche der Autoren,
Verlage und ihrer Rechtsnachfolger bleiben gewahrt.

© 2017 arsEdition GmbH, Friedrichstr. 9, 80801 München
Alle Rechte vorbehalten
Bildnachweis
Cover: standa_art / Shutterstock.com, Kurdanfell / Shutterstock.com
Hintergründe und Vignetten:
AKaiser / Shutterstock.com; Daiquiri / Shutterstock.com;
Dmitriy Nikiforov / Shutterstock.com; Happy Art / Shutterstock.com;
jannet / Shutterstock.com; L.DEP / Shutterstock.com; Lana839 /
Shutterstock.com
Covergestaltung: arsEdition GmbH
Innengestaltung: Eva Schindler, Grafing
Printed by Tien Wah Press
ISBN 978-3-8458-2093-4
1. Auflage

www.arsedition.de